ISBN 9798776162206 (paperback)

Welcome

Our WIFI Password

Guest name (s) : _____

Date of stay: _____

Traveled from: _____

Favorite memories/ highlights: _____

_____

_____

Recommended Places: _____

_____

_____

Rate your stay:

☆ ☆ ☆ ☆ ☆

GUEST NAME (s) : _____

DATE OF STAY: _____

TRAVELED FROM: _____

FAVORITE MEMORIES/ HIGHLIGHTS: _____
_____
_____

RECOMMENDED PLACES: _____
_____
_____

RATE YOUR STAY:

Guest name (s) : _____

Date of stay: _____

Traveled from: _____

Favorite memories/ highlights: _____
_____
_____
_____

Recommended Places: _____
_____
_____

Rate your stay:

☆☆☆☆☆

GUEST NAME (s) : _____

DATE OF STAY: _____

TRAVELED FROM: _____

FAVORITE MEMORIES/ HIGHLIGHTS: _____
_____
_____

RECOMMENDED PLACES: _____
_____
_____

RATE YOUR STAY:

GUEST NAME (S) : _____

DATE OF STAY: _____

TRAVELED FROM: _____

FAVORITE MEMORIES/ HIGHLIGHTS: _____

_____

_____

RECOMMENDED PLACES: _____

_____

_____

RATE YOUR STAY:

☆☆☆☆☆

GUEST NAME (s) : _____

DATE OF STAY: _____

TRAVELED FROM: _____

FAVORITE MEMORIES/ HIGHLIGHTS: _____
_____
_____

RECOMMENDED PLACES: _____
_____
_____

RATE YOUR STAY:

GUEST NAME (s) : _____

DATE OF STAY: _____

TRAVELED FROM: _____

FAVORITE MEMORIES/ HIGHLIGHTS: _____
_____
_____

RECOMMENDED PLACES: _____
_____
_____

RATE YOUR STAY:

☆☆☆☆☆

GUEST NAME (S) : _____

DATE OF STAY: _____

TRAVELED FROM: _____

FAVORITE MEMORIES/ HIGHLIGHTS: _____
_____
_____

RECOMMENDED PLACES: _____
_____
_____

RATE YOUR STAY:

GUEST NAME (s) : _____

DATE OF STAY: _____

TRAVELED FROM: _____

FAVORITE MEMORIES/ HIGHLIGHTS: _____

_____

_____

RECOMMENDED PLACES: _____

_____

_____

RATE YOUR STAY:

☆☆☆☆☆

GUEST NAME (s) : _____

DATE OF STAY: _____

TRAVELED FROM: _____

FAVORITE MEMORIES/ HIGHLIGHTS: _____
_____
_____

RECOMMENDED PLACES: _____
_____
_____

RATE YOUR STAY:

GUEST NAME (s) : _____

DATE OF STAY: _____

TRAVELED FROM: _____

FAVORITE MEMORIES/ HIGHLIGHTS: _____
_____
_____

RECOMMENDED PLACES: _____
_____
_____

RATE YOUR STAY:

GUEST NAME (s) : _____

DATE OF STAY: _____

TRAVELED FROM: _____

FAVORITE MEMORIES/ HIGHLIGHTS: _____
_____
_____

RECOMMENDED PLACES: _____
_____
_____

RATE YOUR STAY:

GUEST NAME (s) : _____

DATE OF STAY: _____

TRAVELED FROM: _____

FAVORITE MEMORIES/ HIGHLIGHTS: _____
_____
_____

RECOMMENDED PLACES: _____
_____
_____

RATE YOUR STAY:

GUEST NAME (s) : _____

DATE OF STAY: _____

TRAVELED FROM: _____

FAVORITE MEMORIES/ HIGHLIGHTS: _____
_____
_____

RECOMMENDED PLACES: _____
_____
_____

RATE YOUR STAY:

GUEST NAME (S) : _____

DATE OF STAY: _____

TRAVELED FROM: _____

FAVORITE MEMORIES/ HIGHLIGHTS: _____
_____
_____

RECOMMENDED PLACES: _____
_____
_____

RATE YOUR STAY:

GUEST NAME (S) : _____

DATE OF STAY: _____

TRAVELED FROM: _____

FAVORITE MEMORIES/ HIGHLIGHTS: _____
_____
_____

RECOMMENDED PLACES: _____
_____
_____

RATE YOUR STAY:

GUEST NAME (s) : _____

DATE OF STAY: _____

TRAVELED FROM: _____

FAVORITE MEMORIES/ HIGHLIGHTS: _____
_____
_____

RECOMMENDED PLACES: _____
_____
_____

RATE YOUR STAY:

☆☆☆☆☆

GUEST NAME (S) : _____

DATE OF STAY: _____

TRAVELED FROM: _____

FAVORITE MEMORIES/ HIGHLIGHTS: _____

_____

_____

RECOMMENDED PLACES: _____

_____

_____

RATE YOUR STAY:

GUEST NAME (s) : _____

DATE OF STAY: _____

TRAVELED FROM: _____

FAVORITE MEMORIES/ HIGHLIGHTS: _____

_____

_____

RECOMMENDED PLACES: _____

_____

_____

RATE YOUR STAY:

☆☆☆☆☆

GUEST NAME (s) : _____

DATE OF STAY: _____

TRAVELED FROM: _____

FAVORITE MEMORIES/ HIGHLIGHTS: _____
_____
_____
_____

RECOMMENDED PLACES: _____
_____
_____

RATE YOUR STAY:

GUEST NAME (s) : _____

DATE OF STAY: _____

TRAVELED FROM: _____

FAVORITE MEMORIES/ HIGHLIGHTS: _____
_____
_____

RECOMMENDED PLACES: _____
_____
_____

RATE YOUR STAY:

GUEST NAME (s) : _____

DATE OF STAY: _____

TRAVELED FROM: _____

FAVORITE MEMORIES/ HIGHLIGHTS: _____
_____
_____

RECOMMENDED PLACES: _____
_____
_____

RATE YOUR STAY:

GUEST NAME (s) : _____

Date of stay: _____

Traveled from: _____

Favorite memories/ highlights: _____

_____

_____

Recommended Places: _____

_____

_____

Rate your stay:

GUEST NAME (S) : _____

DATE OF STAY: _____

TRAVELED FROM: _____

FAVORITE MEMORIES/ HIGHLIGHTS: _____
_____
_____

RECOMMENDED PLACES: _____
_____
_____

RATE YOUR STAY:

GUEST NAME (s) : _____

DATE OF STAY: _____

TRAVELED FROM: _____

FAVORITE MEMORIES/ HIGHLIGHTS: _____
_____
_____
_____

RECOMMENDED PLACES: _____
_____
_____

RATE YOUR STAY:
☆☆☆☆☆

GUEST NAME (S) : _____

DATE OF STAY: _____

TRAVELED FROM: _____

FAVORITE MEMORIES/ HIGHLIGHTS: _____
_____
_____

RECOMMENDED PLACES: _____
_____
_____

RATE YOUR STAY:

GUEST NAME (S) : _____

DATE OF STAY: _____

TRAVELED FROM: _____

FAVORITE MEMORIES/ HIGHLIGHTS: _____

_____

_____

RECOMMENDED PLACES: _____

_____

_____

RATE YOUR STAY:

☆☆☆☆☆

GUEST NAME (S) : _____

DATE OF STAY: _____

TRAVELED FROM: _____

FAVORITE MEMORIES/ HIGHLIGHTS: _____
_____
_____

RECOMMENDED PLACES: _____
_____
_____

RATE YOUR STAY:

GUEST NAME (s) : _____

DATE OF STAY: _____

TRAVELED FROM: _____

FAVORITE MEMORIES/ HIGHLIGHTS: _____
_____
_____

RECOMMENDED PLACES: _____
_____
_____

RATE YOUR STAY:

☆☆☆☆☆

GUEST NAME (s) : _____

DATE OF STAY: _____

TRAVELED FROM: _____

FAVORITE MEMORIES/ HIGHLIGHTS: _____
_____
_____

RECOMMENDED PLACES: _____
_____
_____

RATE YOUR STAY:

GUEST NAME (s) : _____

DATE OF STAY: _____

TRAVELED FROM: _____

FAVORITE MEMORIES/ HIGHLIGHTS: _____
_____
_____

RECOMMENDED PLACES: _____
_____
_____

RATE YOUR STAY:

GUEST NAME (s) : _____

DATE OF STAY: _____

TRAVELED FROM: _____

FAVORITE MEMORIES/ HIGHLIGHTS: _____
_____
_____

RECOMMENDED PLACES: _____
_____
_____

RATE YOUR STAY:

GUEST NAME (s) : _____

DATE OF STAY: _____

TRAVELED FROM: _____

FAVORITE MEMORIES/ HIGHLIGHTS: _____
_____
_____

RECOMMENDED PLACES: _____
_____
_____

Rate your stay:

GUEST NAME (s) : _____

DATE OF STAY: _____

TRAVELED FROM: _____

FAVORITE MEMORIES/ HIGHLIGHTS: _____
_____
_____

RECOMMENDED PLACES: _____
_____
_____

RATE YOUR STAY:

GUEST NAME (s) : _____

DATE OF STAY: _____

TRAVELED FROM: _____

FAVORITE MEMORIES/ HIGHLIGHTS: _____
_____
_____

RECOMMENDED PLACES: _____
_____
_____

RATE YOUR STAY:

☆☆☆☆☆

GUEST NAME (s) : _____

DATE OF STAY: _____

TRAVELED FROM: _____

FAVORITE MEMORIES/ HIGHLIGHTS: _____
_____
_____

RECOMMENDED PLACES: _____
_____
_____

RATE YOUR STAY:

GUEST NAME (S) : _____

DATE OF STAY: _____

TRAVELED FROM: _____

FAVORITE MEMORIES/ HIGHLIGHTS: _____
_____
_____

RECOMMENDED PLACES: _____
_____
_____

RATE YOUR STAY:

☆ ☆ ☆ ☆ ☆

GUEST NAME (s) : _____

DATE OF STAY: _____

TRAVELED FROM: _____

FAVORITE MEMORIES/ HIGHLIGHTS: _____
_____
_____

RECOMMENDED PLACES: _____
_____
_____

RATE YOUR STAY:

GUEST NAME (s) : _____

DATE OF STAY: _____

TRAVELED FROM: _____

FAVORITE MEMORIES/ HIGHLIGHTS: _____
_____
_____

RECOMMENDED PLACES: _____
_____
_____

Rate your stay:

☆☆☆☆☆

GUEST NAME (S) : _____

DATE OF STAY: _____

TRAVELED FROM: _____

FAVORITE MEMORIES/ HIGHLIGHTS: _____
_____
_____

RECOMMENDED PLACES: _____
_____
_____

RATE YOUR STAY:

GUEST NAME (S) : _____

DATE OF STAY: _____

TRAVELED FROM: _____

FAVORITE MEMORIES/ HIGHLIGHTS: _____

_____

_____

RECOMMENDED PLACES: _____

_____

_____

RATE YOUR STAY:

☆☆☆☆☆

GUEST NAME (S) : _____

DATE OF STAY: _____

TRAVELED FROM: _____

FAVORITE MEMORIES/ HIGHLIGHTS: _____
_____
_____

RECOMMENDED PLACES: _____
_____
_____

RATE YOUR STAY:

GUEST NAME (S) : _____

DATE OF STAY: _____

TRAVELED FROM: _____

FAVORITE MEMORIES/ HIGHLIGHTS: _____

_____

_____

RECOMMENDED PLACES: _____

_____

_____

RATE YOUR STAY:

GUEST NAME (s) : _____

DATE OF STAY: _____

TRAVELED FROM: _____

FAVORITE MEMORIES/ HIGHLIGHTS: _____
_____
_____

RECOMMENDED PLACES: _____
_____
_____

RATE YOUR STAY:

GUEST NAME (s) : _____

DATE OF STAY: _____

TRAVELED FROM: _____

FAVORITE MEMORIES/ HIGHLIGHTS: _____
_____
_____

RECOMMENDED PLACES: _____
_____
_____

RATE YOUR STAY:

☆☆☆☆☆

GUEST NAME (s) : _____

DATE OF STAY: _____

TRAVELED FROM: _____

FAVORITE MEMORIES/ HIGHLIGHTS: _____
_____
_____

RECOMMENDED PLACES: _____
_____
_____

RATE YOUR STAY:

☆☆☆☆☆

GUEST NAME (S) : _____

DATE OF STAY: _____

TRAVELED FROM: _____

FAVORITE MEMORIES/ HIGHLIGHTS: _____
_____
_____

RECOMMENDED PLACES: _____
_____
_____

RATE YOUR STAY:

☆☆☆☆☆

GUEST NAME (s) : _____

DATE OF STAY: _____

TRAVELED FROM: _____

FAVORITE MEMORIES/ HIGHLIGHTS: _____
_____
_____

RECOMMENDED PLACES: _____
_____
_____

RATE YOUR STAY:

GUEST NAME (s) : _____

DATE OF STAY: _____

TRAVELED FROM: _____

FAVORITE MEMORIES/ HIGHLIGHTS: _____

_____

_____

RECOMMENDED PLACES: _____

_____

_____

RATE YOUR STAY:

☆☆☆☆☆

GUEST NAME (s) : _____

DATE OF STAY: _____

TRAVELED FROM: _____

FAVORITE MEMORIES/ HIGHLIGHTS: _____

_____

_____

RECOMMENDED PLACES: _____

_____

_____

RATE YOUR STAY:

GUEST NAME (s) : _____

DATE OF STAY: _____

TRAVELED FROM: _____

FAVORITE MEMORIES/ HIGHLIGHTS: _____

_____

_____

RECOMMENDED PLACES: _____

_____

_____

RATE YOUR STAY:

☆☆☆☆☆

Guest name (s) : _____

Date of stay: _____

Traveled from: _____

Favorite memories/ highlights: _____
_____
_____
_____

Recommended Places: _____
_____
_____

Rate your stay:

GUEST NAME (s) : _____

DATE OF STAY: _____

TRAVELED FROM: _____

FAVORITE MEMORIES/ HIGHLIGHTS: _____
_____
_____

RECOMMENDED PLACES: _____
_____
_____

Rate your stay:

Guest name (s) : _____

Date of stay: _____

Traveled from: _____

Favorite memories/ highlights: _____
_____
_____

Recommended Places: _____
_____
_____

Rate your stay:

GUEST NAME (s) : _____

DATE OF STAY: _____

TRAVELED FROM: _____

FAVORITE MEMORIES/ HIGHLIGHTS: _____
_____
_____

RECOMMENDED PLACES: _____
_____
_____

RATE YOUR STAY:

GUEST NAME (s) : _____

DATE OF STAY: _____

TRAVELED FROM: _____

FAVORITE MEMORIES/ HIGHLIGHTS: _____
_____
_____

RECOMMENDED PLACES: _____
_____
_____

RATE YOUR STAY:

GUEST NAME (S) : _____

DATE OF STAY: _____

TRAVELED FROM: _____

FAVORITE MEMORIES/ HIGHLIGHTS: _____

_____

_____

RECOMMENDED PLACES: _____

_____

_____

RATE YOUR STAY:

☆ ☆ ☆ ☆ ☆

GUEST NAME (s) :
_____

DATE OF STAY:
_____

TRAVELED FROM:
_____

FAVORITE MEMORIES/ HIGHLIGHTS:
_____
_____
_____

RECOMMENDED PLACES:
_____
_____
_____

RATE YOUR STAY:

GUEST NAME (s) : _____

DATE OF STAY: _____

TRAVELED FROM: _____

FAVORITE MEMORIES/ HIGHLIGHTS: _____
_____
_____

RECOMMENDED PLACES: _____
_____
_____

RATE YOUR STAY:

GUEST NAME (s) : _____

DATE OF STAY: _____

TRAVELED FROM: _____

FAVORITE MEMORIES/ HIGHLIGHTS: _____
_____
_____

RECOMMENDED PLACES: _____
_____
_____

RATE YOUR STAY:

GUEST NAME (s) : _____

DATE OF STAY: _____

TRAVELED FROM: _____

FAVORITE MEMORIES/ HIGHLIGHTS: _____
_____
_____

RECOMMENDED PLACES: _____
_____
_____

RATE YOUR STAY:

☆ ☆ ☆ ☆ ☆

GUEST NAME (S) : _____

DATE OF STAY: _____

TRAVELED FROM: _____

FAVORITE MEMORIES/ HIGHLIGHTS: _____
_____
_____

RECOMMENDED PLACES: _____
_____
_____

RATE YOUR STAY:

GUEST NAME (S) : _____

DATE OF STAY: _____

TRAVELED FROM: _____

FAVORITE MEMORIES/ HIGHLIGHTS: _____
_____
_____

RECOMMENDED PLACES: _____
_____
_____

RATE YOUR STAY:

☆☆☆☆☆

GUEST NAME (S) : _____

DATE OF STAY: _____

TRAVELED FROM: _____

FAVORITE MEMORIES/ HIGHLIGHTS: _____
_____
_____

RECOMMENDED PLACES: _____
_____
_____

RATE YOUR STAY:

GUEST NAME (s) : _____

DATE OF STAY: _____

TRAVELED FROM: _____

FAVORITE MEMORIES/ HIGHLIGHTS: _____
_____
_____

RECOMMENDED PLACES: _____
_____
_____

RATE YOUR STAY:

☆☆☆☆☆

GUEST NAME (S) : _____

DATE OF STAY: _____

TRAVELED FROM: _____

FAVORITE MEMORIES/ HIGHLIGHTS: _____
_____
_____

RECOMMENDED PLACES: _____
_____
_____

RATE YOUR STAY:

☆☆☆☆☆

GUEST NAME (s) : _____

DATE OF STAY: _____

TRAVELED FROM: _____

FAVORITE MEMORIES/ HIGHLIGHTS: _____

_____

_____

RECOMMENDED PLACES: _____

_____

_____

Rate your stay:

GUEST NAME (s) : _____

DATE OF STAY: _____

TRAVELED FROM: _____

FAVORITE MEMORIES/ HIGHLIGHTS: _____
_____
_____

RECOMMENDED PLACES: _____
_____
_____

RATE YOUR STAY:

GUEST NAME (s) : _____

DATE OF STAY: _____

TRAVELED FROM: _____

FAVORITE MEMORIES/ HIGHLIGHTS: _____

_____

_____

RECOMMENDED PLACES: _____

_____

_____

RATE YOUR STAY:

GUEST NAME (s) : _____

DATE OF STAY: _____

TRAVELED FROM: _____

FAVORITE MEMORIES/ HIGHLIGHTS: _____
_____
_____

RECOMMENDED PLACES: _____
_____
_____

RATE YOUR STAY:

GUEST NAME (S) : _____

DATE OF STAY: _____

TRAVELED FROM: _____

FAVORITE MEMORIES/ HIGHLIGHTS: _____
_____
_____

RECOMMENDED PLACES: _____
_____
_____

RATE YOUR STAY:

☆ ☆ ☆ ☆ ☆

GUEST NAME (S) : _____

DATE OF STAY: _____

TRAVELED FROM: _____

FAVORITE MEMORIES/ HIGHLIGHTS: _____
_____
_____

RECOMMENDED PLACES: _____
_____
_____

RATE YOUR STAY:

GUEST NAME (s) : _____

DATE OF STAY: _____

TRAVELED FROM: _____

FAVORITE MEMORIES/ HIGHLIGHTS: _____

_____

_____

RECOMMENDED PLACES: _____

_____

_____

RATE YOUR STAY:

☆ ☆ ☆ ☆ ☆

GUEST NAME (s) : _____

DATE OF STAY: _____

TRAVELED FROM: _____

FAVORITE MEMORIES/ HIGHLIGHTS: _____
_____
_____

RECOMMENDED PLACES: _____
_____
_____

RATE YOUR STAY:

GUEST NAME (S) : _____

DATE OF STAY: _____

TRAVELED FROM: _____

FAVORITE MEMORIES/ HIGHLIGHTS: _____
_____
_____

RECOMMENDED PLACES: _____
_____
_____

RATE YOUR STAY:

GUEST NAME (S) : _____

DATE OF STAY: _____

TRAVELED FROM: _____

FAVORITE MEMORIES/ HIGHLIGHTS: _____
_____
_____

RECOMMENDED PLACES: _____
_____
_____

RATE YOUR STAY:

Guest name (s) : _____

Date of stay: _____

Traveled from: _____

Favorite memories/ highlights: _____
_____
_____

Recommended Places: _____
_____
_____

Rate your stay:

☆☆☆☆☆

GUEST NAME (S) : _____

DATE OF STAY: _____

TRAVELED FROM: _____

FAVORITE MEMORIES/ HIGHLIGHTS: _____
_____
_____

RECOMMENDED PLACES: _____
_____
_____

RATE YOUR STAY:

☆☆☆☆☆

Guest name (s) : _____

Date of stay: _____

Traveled from: _____

Favorite memories/ highlights: _____
_____
_____

Recommended Places: _____
_____
_____

Rate your stay:

☆☆☆☆☆

GUEST NAME (S) : _____

DATE OF STAY: _____

TRAVELED FROM: _____

FAVORITE MEMORIES/ HIGHLIGHTS: _____

_____

_____

RECOMMENDED PLACES: _____

_____

_____

RATE YOUR STAY:

GUEST NAME (S) : _____

DATE OF STAY: _____

TRAVELED FROM: _____

FAVORITE MEMORIES/ HIGHLIGHTS: _____

_____

_____

RECOMMENDED PLACES: _____

_____

_____

RATE YOUR STAY:

GUEST NAME (S) : _____

DATE OF STAY: _____

TRAVELED FROM: _____

FAVORITE MEMORIES/ HIGHLIGHTS: _____
_____
_____

RECOMMENDED PLACES: _____
_____
_____

RATE YOUR STAY:

☆☆☆☆☆

GUEST NAME (s) : _____

DATE OF STAY: _____

TRAVELED FROM: _____

FAVORITE MEMORIES/ HIGHLIGHTS: _____
_____
_____

RECOMMENDED PLACES: _____
_____
_____

RATE YOUR STAY:

☆ ☆ ☆ ☆ ☆

GUEST NAME (S) : _____

DATE OF STAY: _____

TRAVELED FROM: _____

FAVORITE MEMORIES/ HIGHLIGHTS: _____

_____

_____

RECOMMENDED PLACES: _____

_____

_____

RATE YOUR STAY:

GUEST NAME (s) : _____

DATE OF STAY: _____

TRAVELED FROM: _____

FAVORITE MEMORIES/ HIGHLIGHTS: _____

_____

_____

RECOMMENDED PLACES: _____

_____

_____

Rate your stay:

☆☆☆☆☆

GUEST NAME (S) : _____

DATE OF STAY: _____

TRAVELED FROM: _____

FAVORITE MEMORIES/ HIGHLIGHTS: _____
_____
_____

RECOMMENDED PLACES: _____
_____
_____

RATE YOUR STAY:

GUEST NAME (s) : _____

DATE OF STAY: _____

TRAVELED FROM: _____

FAVORITE MEMORIES/ HIGHLIGHTS: _____
_____
_____

RECOMMENDED PLACES: _____
_____
_____

RATE YOUR STAY:

☆☆☆☆☆

GUEST NAME (s) : _____

DATE OF STAY: _____

TRAVELED FROM: _____

FAVORITE MEMORIES/ HIGHLIGHTS: _____
_____
_____

RECOMMENDED PLACES: _____
_____
_____

RATE YOUR STAY:

GUEST NAME (S) : _____

DATE OF STAY: _____

TRAVELED FROM: _____

FAVORITE MEMORIES/ HIGHLIGHTS: _____
_____
_____

RECOMMENDED PLACES: _____
_____
_____

RATE YOUR STAY:

☆☆☆☆☆

GUEST NAME (s) : _____

DATE OF STAY: _____

TRAVELED FROM: _____

FAVORITE MEMORIES/ HIGHLIGHTS: _____
_____
_____

RECOMMENDED PLACES: _____
_____
_____

RATE YOUR STAY:

GUEST NAME (s) : _____

DATE OF STAY: _____

TRAVELED FROM: _____

FAVORITE MEMORIES/ HIGHLIGHTS: _____
_____
_____

RECOMMENDED PLACES: _____
_____
_____

RATE YOUR STAY:

☆☆☆☆☆

GUEST NAME (s) : _____

DATE OF STAY: _____

TRAVELED FROM: _____

FAVORITE MEMORIES/ HIGHLIGHTS: _____
_____
_____

RECOMMENDED PLACES: _____
_____
_____

RATE YOUR STAY:

GUEST NAME (s) : _____

DATE OF STAY: _____

TRAVELED FROM: _____

FAVORITE MEMORIES/ HIGHLIGHTS: _____

_____

_____

RECOMMENDED PLACES: _____

_____

_____

RATE YOUR STAY:

☆☆☆☆☆

GUEST NAME (s) : _____

DATE OF STAY: _____

TRAVELED FROM: _____

FAVORITE MEMORIES/ HIGHLIGHTS: _____

_____

_____

RECOMMENDED PLACES: _____

_____

_____

RATE YOUR STAY:

GUEST NAME (s) : _____

DATE OF STAY: _____

TRAVELED FROM: _____

FAVORITE MEMORIES/ HIGHLIGHTS: _____
_____
_____

RECOMMENDED PLACES: _____
_____
_____

RATE YOUR STAY:

☆ ☆ ☆ ☆ ☆

GUEST NAME (s) : _____

DATE OF STAY: _____

TRAVELED FROM: _____

FAVORITE MEMORIES/ HIGHLIGHTS: _____
_____
_____

RECOMMENDED PLACES: _____
_____
_____

RATE YOUR STAY:

☆☆☆☆☆

GUEST NAME (s) : _____

DATE OF STAY: _____

TRAVELED FROM: _____

FAVORITE MEMORIES/ HIGHLIGHTS: _____

_____

_____

RECOMMENDED PLACES: _____

_____

_____

RATE YOUR STAY:

☆☆☆☆☆

GUEST NAME (s) : _____

DATE OF STAY: _____

TRAVELED FROM: _____

FAVORITE MEMORIES/ HIGHLIGHTS: _____

_____

_____

RECOMMENDED PLACES: _____

_____

_____

RATE YOUR STAY:

GUEST NAME (s) : _____

DATE OF STAY: _____

TRAVELED FROM: _____

FAVORITE MEMORIES/ HIGHLIGHTS: _____
_____
_____
_____

RECOMMENDED PLACES: _____
_____
_____
_____

RATE YOUR STAY:

☆ ☆ ☆ ☆ ☆

GUEST NAME (s) : _____

DATE OF STAY: _____

TRAVELED FROM: _____

FAVORITE MEMORIES/ HIGHLIGHTS: _____
_____
_____

RECOMMENDED PLACES: _____
_____
_____

RATE YOUR STAY:

GUEST NAME (S) : _____

DATE OF STAY: _____

TRAVELED FROM: _____

FAVORITE MEMORIES/ HIGHLIGHTS: _____

_____

_____

RECOMMENDED PLACES: _____

_____

_____

RATE YOUR STAY:

☆☆☆☆☆

GUEST NAME (S) : _____

DATE OF STAY: _____

TRAVELED FROM: _____

FAVORITE MEMORIES/ HIGHLIGHTS: _____

_____

_____

RECOMMENDED PLACES: _____

_____

_____

RATE YOUR STAY:

GUEST NAME (s) : _____

DATE OF STAY: _____

TRAVELED FROM: _____

FAVORITE MEMORIES/ HIGHLIGHTS: _____
_____
_____

RECOMMENDED PLACES: _____
_____
_____

RATE YOUR STAY:

☆☆☆☆☆

GUEST NAME (s) : _____

DATE OF STAY: _____

TRAVELED FROM: _____

FAVORITE MEMORIES/ HIGHLIGHTS: _____
_____
_____

RECOMMENDED PLACES: _____
_____
_____

RATE YOUR STAY:

GUEST NAME (s) : _____

DATE OF STAY: _____

TRAVELED FROM: _____

FAVORITE MEMORIES/ HIGHLIGHTS: _____
_____
_____

RECOMMENDED PLACES: _____
_____
_____

RATE YOUR STAY:

☆ ☆ ☆ ☆ ☆

GUEST NAME (s) : _____

DATE OF STAY: _____

TRAVELED FROM: _____

FAVORITE MEMORIES/ HIGHLIGHTS: _____
_____
_____

RECOMMENDED PLACES: _____
_____
_____

RATE YOUR STAY:

GUEST NAME (s) : _____

DATE OF STAY: _____

TRAVELED FROM: _____

FAVORITE MEMORIES/ HIGHLIGHTS: _____
_____
_____

RECOMMENDED PLACES: _____
_____
_____

RATE YOUR STAY:

☆ ☆ ☆ ☆ ☆

GUEST NAME (S) : _____

DATE OF STAY: _____

TRAVELED FROM: _____

FAVORITE MEMORIES/ HIGHLIGHTS: _____

_____

_____

RECOMMENDED PLACES: _____

_____

_____

RATE YOUR STAY:

GUEST NAME (S) : _____

DATE OF STAY: _____

TRAVELED FROM: _____

FAVORITE MEMORIES/ HIGHLIGHTS: _____
_____
_____
_____

RECOMMENDED PLACES: _____
_____
_____

RATE YOUR STAY:

☆ ☆ ☆ ☆ ☆

GUEST NAME (s) : _____

DATE OF STAY: _____

TRAVELED FROM: _____

FAVORITE MEMORIES/ HIGHLIGHTS: _____
_____
_____
_____

RECOMMENDED PLACES: _____
_____
_____

RATE YOUR STAY:

☆☆☆☆☆

GUEST NAME (s) : _____

DATE OF STAY: _____

TRAVELED FROM: _____

FAVORITE MEMORIES/ HIGHLIGHTS: _____

_____

_____

RECOMMENDED PLACES: _____

_____

_____

Rate your stay:

☆ ☆ ☆ ☆ ☆

GUEST NAME (s) : _____

DATE OF STAY: _____

TRAVELED FROM: _____

FAVORITE MEMORIES/ HIGHLIGHTS: _____
_____
_____
_____

RECOMMENDED PLACES: _____
_____
_____

RATE YOUR STAY:

☆☆☆☆☆

GUEST NAME (S) : _____

DATE OF STAY: _____

TRAVELED FROM: _____

FAVORITE MEMORIES/ HIGHLIGHTS: _____
_____
_____

RECOMMENDED PLACES: _____
_____
_____

Rate your stay:

☆☆☆☆☆

GUEST NAME (s) : _____

DATE OF STAY: _____

TRAVELED FROM: _____

FAVORITE MEMORIES/ HIGHLIGHTS: _____
_____
_____

RECOMMENDED PLACES: _____
_____
_____

RATE YOUR STAY:

☆☆☆☆☆

GUEST NAME (s) : _____

DATE OF STAY: _____

TRAVELED FROM: _____

FAVORITE MEMORIES/ HIGHLIGHTS: _____

_____

_____

RECOMMENDED PLACES: _____

_____

_____

RATE YOUR STAY:

☆☆☆☆☆

Made in United States
North Haven, CT
11 July 2022